NOTICE

SUR

HECTOR ALLEMAND

Peintre Lyonnais

PAR

AIMÉ VINGTRINIER

LYON
IMPRIMERIE MOUGIN-RUSAND
Rue Stella, 3, Lyon.

1887

HECTOR ALLEMAND

Peintre lyonnais

NOTICE

SUR

HECTOR ALLEMAND

Peintre Lyonnais

PAR

AIMÉ VINGTRINIER

LYON
IMPRIMERIE MOUGIN-RUSAND
Rue Stella, 3, Lyon.

—

1887

Hector ALLEMAND

Peintre Lyonnais

'AMI qui retrouve un ami n'est pas plus heureux que le biographe qui, en fouillant ses notes et ses souvenirs, découvre et met en lumière un pauvre grand homme que ses concitoyens étaient sur le point d'oublier, tandis que ses travaux et son génie eussent mérité les honneurs de la gloire et de la popularité.

Cette œuvre de réparation a des charmes infinis et nous la recommandons à tous ceux qui ont du temps et des loisirs.

Quant à nous, c'est avec un sentiment de vive joie que nous venons parler d'un peintre habile, mort récemment, Hector Allemand.

Cet artiste est-il donc déjà si oublié qu'il ait besoin d'une réhabilitation ? Qu'il soit nécessaire de proclamer bien haut qu'il a eu les qualités les plus précieuses de l'intelligence et du cœur ? Que son pinceau fut celui d'un maître ? Que ses eaux-fortes sont d'un grand prix et qu'il a laissé des tableaux hors ligne qui seront l'éternel honneur de l'École lyonnaise ?

Peut-être bien. Les connaisseurs l'apprécient, mais le public, mais la foule, mais les esprits insouciants qui font la masse de la nation, savent-ils que notre ville a possédé, que notre École a produit un rival des maîtres flamands les plus goûtés, les plus admirés et les plus célèbres ?

C'est pour ceux-ci que nous allons donner un aperçu des œuvres d'un de nos plus profonds paysagistes, et nous entretenir d'un des plus brillants, d'un des plus vigoureux pinceaux qui aient jamais attaqué nos vallées, nos vastes horizons et les riches coteaux de notre pays du Lyonnais.

L'homme aura aussi quelques mots, car il est bon qu'on sache ce que peut le courage et l'énergie luttant contre l'adversité ; qu'on voie le mérite aux prises avec la douleur ; il faut que la jeunesse apprenne, par l'exemple des vieillards, à racheter les fautes et les faiblesses par une indomptable énergie, la droiture, la loyauté et surtout par une immense tendresse du cœur.

Hector Allemand fut dévoué jusqu'à l'abnégation, jusqu'à l'oubli de lui-même. Il fut malheureux, sans doute, mais non comme Guindrand, non comme Flachéron. Qui l'a connu, qui, du moins a contemplé sa mâle et noble figure dans les portraits de son âge mûr ou de sa vieillesse, verra facilement combien il était au-dessus de la mauvaise chance et de l'infortune. Quelle réputation n'eût-il pas eue comme artiste, de quelle estime n'eût-il pas joui comme homme, si une invincible modestie, si une prudence exagérée ne lui eussent fait cacher sa vie et ses œuvres avec le même empressement que les autres cherchent le bruit, la réclame et le plaisir.

Louis-Hector Allemand était né à Lyon, le 5 août 1809, rue Boissac, dans le bel hôtel qui porte aujourd'hui le numéro 8.

Son père, M. Hector Allemand, était contrôleur principal des droits réunis. Sa mère, Mlle Marie de Livanie, appartenait à une vieille famille de la Bourgogne qui se disait alliée à la famille de Sales, du Chablais, par conséquent parente de l'illustre évêque de Genève.

La branche paternelle ne le cédait à la branche maternelle ni en noblesse ni en antiquité, car le contrôleur descendait de cette famille chevaleresque du Dauphiné, les Allemand, d'Uriage, qui forma, pendant cinq ou six siècles, une fédération redoutable qui sut se faire si énergiquement respecter dans ses montagnes et dont les seigneurs du voisinage évitaient avec soin l'inimitié, en disant : « Si on les attaque ou les moleste, gare la queue des Allemand? »

La mère du chevalier Bayard était issue de cette puissante et belliqueuse maison.

Qu'on ne s'étonne pas de voir les rejetons des plus hautes familles tomber dans la gêne ou l'obscurité; c'est un effet des guerres et des révolutions. Pour ne citer que notre pays, le descendant du vaillant baron de Monpiton, qui battit les Espagnols près d'Annecy et délivra la Savoie, était naguère maître-maçon à Lyon; un Anglefort était batelier à Seyssel, et la dernière des Rougemont, de la Bresse, était, il y a peu d'années, femme de chambre à Bellecour.

Était-ce un effet de l'atavisme, mystère que la science admet, elle qui rejette tant de choses? Mais dans tout le courant de sa vie, le jeune Hector Allemand, celui qui nous occupe, sentit le sang de ses aïeux bouillonner dans ses veines, et quand, homme de commerce, simple bourgeois peu expert au jeu de l'épée, il eut une querelle avec un officier de la garnison de Lyon, il n'hésita pas à se présenter, la poitrine nue, en face de son adversaire et reçut bravement une blessure au poignet droit comme eût pu le faire le plus vaillant des seigneurs bannerets dont il descendait.

Comment avec ce tempérament belliqueux,

notre jeune compatriote n'embrassa-t-il pas la carrière militaire? Nous l'ignorons, mais nous
sommes certain que là aussi, que là surtout, il
fût parvenu aux plus hauts rangs.

Il en fut autrement. Élevé avec tendresse par
une mère artiste qui peignait la miniature avec un
véritable talent; instruit par un père qui compre-
nait tous les arts et en cultivait plusieurs avec
succès, Hector Allemand sentit, dès ses plus jeunes
années, grandir et se développer le goût profond
de la peinture. Dès sa plus tendre enfance, son
plaisir le plus vif, sa récréation préférée était de
dessiner, de crayonner, de copier tout ce qui l'entourait. Fanatique de la nature, il s'enivrait de la
vue d'un beau site. Au lieu de contrarier ce pen-
chant, ses parents l'encourageaient et, sans doute,
ils espéraient faire un jour de leur fils un peintre
renommé. Mais sur quoi faut-il compter, dans ce
monde? A qui est-il donné de dire : « j'irai ici et
non ailleurs? » Le malheur s'abattit sur ce doux
intérieur. Une catastrophe frappa ces êtres si inté-
ressants. La France venait de changer de maître
et le pauvre contrôleur destitué quitta le bel
hôtel de la rue Boissac, le désespoir au cœur, pour
chercher un abri dans un pays où la vie fût moins
chère et moins coûteuse. Les fugitifs se réfu-
gièrent à Tarare. Là, moins connus, ils purent

mettre leur position à la hauteur de leur pauvreté sans avoir l'humiliation si cruelle de voir les amis d'hier se détourner aujourd'hui de leur chemin; sans voir brutalement se rompre les liens qui les unissaient à tant de gens, hôtes jadis de leur fortune, froids témoins de leur adversité.

On a beau être malheureux, le temps passe.

Un jour, M. Allemand père apprit que des amis avaient trouvé une modeste occupation pour son fils dans une maison de commerce de la rue Saint-Pierre. C'était un premier rayon de soleil dans leur ciel noir. Mais le jeune artiste, qui crayonnait avec tant d'ardeur les montagnes qui enferment Tarare, consentirait-il à s'ensevelir pour la vie dans un magasin, obscur peut-être, triste sans doute, anti-poétique à coup sûr? Hector avait quinze ans. C'est l'âge des espoirs infinis et des illusions sans fin, rarement de la sagesse et de la raison. Le jeune homme n'hésita pas; il embrassa ses parents, fit un petit paquet de ses hardes et, avec toute l'ardeur du sacrifice, prit à pied la route de Lyon.

La bourse légère, mais le cœur bien gros, Hector atteignit l'Arbresle où il voulut prendre un premier repas. Il s'installa au bord d'un petit ruisseau et attaqua ses modestes provisions; puis, admirant le site qui l'entourait, il saisit son album et enleva un croquis dont les amateurs donneraient cher aujourd'hui. A peine son dernier coup de crayon donné, il entendit un bruit lointain qui le rappela au sentiment de la réalité. Il n'était pas là comme artiste, mais comme voyageur. Il s'était oublié à dessiner au lieu de marcher et Lyon était loin encore; mais le mal n'était pas grand; c'était la diligence de Tarare qui passait. Pour rattraper le temps perdu, il grimpa lestement sur le marchepied et le jeune parent de saint François de Sales et de Bayard put facilement rêver qu'il était sur un char de Victoire, en route pour la gloire et la fortune.

Comme tous les moments de bonheur, ce fut un court instant.

Arrivée à un replat, la voiture filait rapidement quand le conducteur, se retournant, vit un jeune inconnu qui, sans se gêner, se faisait voiturer gratis.

Il se dresse sur son siége et, sans crier gare! cingle le pauvre voyageur de deux ou trois coups de fouet qui lui coupent la figure et lui font saigner les mains. Surpris dans son rêve, Hector lâche la portière, tombe du marchepied et roule dans la poussière, contusionné et meurtri, confus de son accident, irrité de cette brutale agression, mais furieux surtout des éclats de rire des stupides voyageurs qui le voyaient ramasser péniblement son chapeau et son paquet, tandis que le conducteur continuait ses gestes de menace et d'insulte jusqu'au détour du chemin.

Secoué, remis de sa chute, il fallut qu'Hector redoublât de vitesse pour arriver le même jour à Lyon. Il parvint enfin, et pas trop tard, dans la ville qu'il ne devait plus quitter; mais jamais il ne put oublier cette première mésaventure et, jusque dans sa vieillesse, il s'irritait encore avec colère et faisait briller ses regards, quand, parlant des épreuves de sa jeunesse, il en arrivait à ce burlesque accident.

Son âme de sensitive ne l'avait jamais pardonné.

Le lendemain, le futur grand homme entrait dans le modeste magasin où il était attendu et où il surprit bientôt ses chefs par des qualités exceptionnelles. Son activité était prodigieuse, sa capacité commerciale hors ligne. L'enfant de quinze ans était le personnage le plus sérieux de la maison; l'artiste passionné, le commis le plus sagace et le plus sûr. Quand, après une journée pénible, il avait manipulé les fils et les cotons, comme un vieux praticien, il s'enfermait dans sa petite chambre au lieu d'aller se distraire avec les jeunes gens de son âge, et, jusqu'à une heure avancée de la nuit, enveloppé dans un grand manteau, il perfectionnait son éducation, étudiait, travaillait comme un sage et se mettait au niveau de ceux à qui, dans les colléges, on prodigue, et souvent avec tant de peine, les bienfaits de la littérature et du savoir.

Mais si, dans la semaine, il se montrait commerçant modéle, il redevenait, chaque dimanche, artiste enthousiaste, ardent et convaincu.

Parti le samedi soir, il explorait les environs si pittoresques de sa ville natale, les saulées d'Oullins et de la Tête d'Or, si le temps n'était pas sûr; les collines de Chaponost, de Charbonnières ou du Mont-d'Or, si la journée était belle, et parfois se hasardait jusque dans les vallées de Mornant et d'Izeron, rivales de la Suisse, quand les grands jours d'été lui permettaient de marcher une partie de la nuit et de s'éloigner de Lyon, avec quelques amis, avides, comme lui, de contempler les grands horizons, les forêts profondes, les torrents, et tous les grands spectacles de la nature.

Dix ans se passèrent ainsi, partagés entre le commerce et la peinture, le devoir et le plaisir, sans qu'on pût dire si ce jeune homme si merveilleusement doué serait, un jour, un négociant opulent ou un artiste admiré.

Il était écrit qu'il serait l'un et l'autre.

L'employé-type vit bientôt grossir ses appointements; chaque année améliorait sa position; de commis payé il devint commis intéressé, puis associé. Après dix ans d'un travail ardent, probe et honnête, il devint chef de maison; il avait alors vingt-cinq ans.

Sous cet habile maître, le commerce des filés coton et des lacets coton et soie prospéra tellement qu'à trente-six ans, maître d'une jolie fortune, indépendant et toujours plus passionné pour la peinture, il vendit, réalisa, prit un appartement au n° 1 de la rue Bourbon, se créa un atelier commode et ne donna plus désormais des soins qu'à son pinceau.

A peine avait-il eu un peu d'aisance, à peine avait-il pu se suffire qu'il avait fait venir ses parents auprès de lui. Là, entre ces êtres si fiers de lui, enfant toujours tendre et obéissant comme dans son jeune âge, il les entourait des soins les plus attentifs. Peintre ou négociant, jeune ou à l'âge mûr, il ne connaissait ni cercle, ni jeu, ni café. Il était tout au travail dans la journée, tout à la tendresse filiale, le soir.

Il semblait que son cœur eût besoin de dévouement, d'abnégation, de sacrifice. D'une santé délicate, impressionnable, nerveux, il ne se comptait pour rien, ne se ménageait en rien, ne pensait jamais à lui et ne regardait comme tout que ceux qu'il aimait.

Il le fit bien voir, à une époque douloureuse.

Il avait aimé une jeune fille avant d'avoir appelé sa famille auprès de lui. Dans une circonstance fatale, la pauvre infortunée devint folle et on fut obligé de l'enfermer dans une maison de santé. Effarouchée, ne reconnaissant personne, repoussant toute nourriture et tout soin, elle ne se calmait qu'à la vue de celui à qui elle avait tout donné. Docile aussitôt qu'elle le voyait, les yeux fixés sur lui, elle faisait tout ce qu'il lui demandait, acceptait tous les mets qu'il lui présentait; ne mangeait, ne buvait que de sa main et, prodige du cœur, était calme et douce tant qu'il était auprès d'elle. A peine était-il loin que la folie reprenait le dessus; la colère et la fureur crispaient son pauvre visage et son caractère indompté se refusait à toute soumission, comme il bravait toutes les réprimandes, toutes les sévérités.

Il en fut ainsi jusqu'à sa mort et, sublime dévouement d'un homme jeune, qui avait un commerce important sur les bras et mille préoccupations devant lui, pendant des années, trois longues années, pas un seul jour ne s'écoula sans que le pauvre Hector ne traversât l'interminable faubourg de la Guillotière, ne courût à l'établissement du docteur Carrier et n'ouvrit avec anxiété la cellule où on ne vivait que pour lui, où on ne vivait que par lui.

Que les moralistes le blâment, que les hommes sérieux le désapprouvent, que les gens timorés s'indignent de notre récit ; nous l'avons fait franchement, les larmes aux yeux, sans l'approuver ni le maudire ; mais, du moins, bien certain que, dans notre siècle ergoteur et positif, notre cher artiste trouvera peu d'imitateurs.

Le magnifique paysage, signé Hector Allemand, qui orne aujourd'hui le salon du docteur Édouard Carrier fils, est un témoignage autant qu'un souvenir des soins vigilants donnés par M. Carrier père à la pauvre infortunée que rien ne put ramener à la santé et à la raison.

Pendant qu'il était dans les affaires, il était allé souvent à Paris, dans l'intérêt de son commerce qui passait avant tout ; plusieurs fois en Angleterre et en Écosse, plusieurs fois en Belgique et en Hollande et toujours il ne s'était reposé de ses travaux de négociant qu'en visitant les musées publics et les plus riches galeries d'amateurs. La Hollande surtout l'attirait. Là il avait trouvé les œuvres de son goût et les maîtres de son choix. Là, il avait étudié Ruysdaël, Hobbéma, Berghem, Albert Cuyp et il s'était emparé de leurs secrets. Il n'était allé qu'une fois en Suisse pour voir la grande nature dans toute sa splendeur, mais plus en touriste qu'en peintre ; il n'avait jamais visité l'Italie.

Ces immensités qu'on appelle le lac de Genève ou le mont Blanc, les lacs de Lucerne et de Zurich, le Righi, l'Oberland ou le Valais l'avaient-il plus effrayé que séduit ? plus étonné qu'attiré ? il ne nous a pas confié sa pensée, mais nous savons combien il était à son aise dans les vallons du Lyonnais, du Dauphiné, de la Savoie et du Bugey, car c'était de ces contrées qu'il aimait à s'entretenir, celles qu'il connaissait le mieux, celles où il retournait chaque année et dont il a reproduit le plus souvent les sites dans ses tableaux.

Encouragé par ses amis et se sentant assez fort pour la lutte, il osa, en 1846, envoyer pour la première fois une de ses toiles, à l'Exposition de Paris. Ce fut un étonnement général, une surprise effarouchée dans le clan des artistes et des amateurs. D'où sortait donc ce nouveau venu qui, de haute main, s'emparait d'une si belle place dans le monde des Beaux-Arts ?

La jalousie fut bien vite en éveil.

— Ne serait-ce pas un hollandais copié ? insinuèrent quelques-uns.

— C'est un Ruysdaël, à coup sûr, affirmèrent

aussitôt quelques autres. Même science de dessin, même poésie de composition, même style mélancolique et doux; même couleur solide et profonde, sans éclats, sans tons heurtés, sans escamotage, sans à peu près. Tout est serré, fin, étudié avec patience, goût et habileté. Ah! si on découvrait la toile originale, quelles clameurs! Quelle leçon à infliger à l'audacieux qui a voulu nous en imposer!

On ne trouva pas la toile originale; l'œuvre était bien d'un Lyonnais, non d'un Flamand; Allemand l'avait faite, non Ruysdaël.

Une autre fois, mais bien plus tard, ce fut à Théodore Rousseau qu'il fut comparé.

Brame, le marchand de tableaux si connu, vint à Lyon, visiter les ateliers, et traiter directement avec les artistes, enchantés, pensait-il, de céder contre argent comptant des toiles qui auraient pu attendre longtemps un amateur. Conduit chez Allemand par Lays, Brame fut ébloui des richesses appendues à tous les murs, mais, ne voulant pas se livrer, il se promenait dans l'atelier en silence. Tout à coup, il s'arrête, admire un tableau un peu haut placé, mais bien dans son jour et apostrophant Allemand surpris :

— Ah! Voilà un beau Rousseau! s'écria-t-il; je vous l'achète. Combien en voulez-vous ?

Allemand sourit, prit un marchepied et l'approchant de la toile :

— Avant de faire un prix, voyez la signature, dit-il.

Brame monta; la toile était signée : *Allemand*. Blessé et mortifié, le marchand de tableaux sortit sans faire aucune offre et il fit tout aussi bien; car Allemand, plus riche que les artistes ne le sont d'ordinaire, était peu disposé à se défaire de ses toiles. Il les aimait, il les soignait, les admirait, s'y attachait comme à des enfants chéris et en vendait si peu qu'on peut dire qu'il ne les vendait pas.

Mais s'il ne faisait pas le commerce de ses tableaux, c'était bien pis pour ses eaux-fortes.

Aqua-fortiste de premier ordre, il aimait à montrer ses planches d'un style élevé, d'une composition magistrale, d'un faire habile. Ses arbres respiraient dans l'air, et vivaient de leur propre vie. Ses fabriques simples, ses sites agrestes n'avaient jamais rien de trivial. Ciels et terrains étaient rendus avec conscience et vérité; il y avait du peintre d'histoire dans ses arrangements, sans qu'on pût lui reprocher ni miévrerie, ni prétention. Aussi, était-ce un cadeau précieux qu'il faisait à ses amis quand il leur offrait, en souvenir, une eau-forte ou un album, une simple feuille ou un recueil. Il en a donné de magnifiques collections à divers Musées de Londres, de Dresde, de Munich et de Paris et on sait les y apprécier. Il les tirait lui-même, en disant, avec raison, que l'ouvrier ne peut sentir ce que sent l'artiste. L'un, même avec du goût, y met sa force; l'autre, même avec ses efforts, y met toujours un peu de son intelligence et de son cœur.

Nous ne ferions pas connaître notre artiste complétement si nous n'ajoutions qu'il fut musicien habile et tourneur d'une jolie force. Il jouait de plusieurs instruments avec une véritable supériorité. Il affectionnait surtout le cor anglais, la flûte et le hautbois. Quant à ce dernier, il l'apprit à l'âge de quarante ans, mit à le travailler l'acharnement qu'il apportait à toutes ses occupations et devint bientôt assez fort pour tenir le pupitre de premier hautbois dans un orchestre qui n'admettait que des musiciens de choix.

Ainsi doué, appelé à prendre un rang élevé dans les arts et la société, on le sollicitait de quitter Lyon. Paris le réclamait; des amis l'y attendaient. De hautes influences, de brillantes protections lui promettaient décorations, honneurs, gloire, célébrité, tout ce que Paris offre à ses adeptes. Comme Soulary, Saint-Jean, Bonnefond et tant d'autres, il refusa tout, il se priva de tout pour rester fidèle à sa ville natale. La vue du Rhône est si belle! Les bords de la Saône sont si doux ! Nos vallées sont si ombreuses et si fraîches ! Et puis, à quoi bon s'exiler, quand on a le bonheur chez soi ? Le château cache autant de larmes que la chaumière. La gloire, le bruit, les salons, la célébrité ne donnent ni un sang plus ardent, ni une santé plus robuste, ni une vieillesse plus digne et plus fière. Allemand avait perdu sa mère depuis nombre d'années, mais il respectait trop, il aimait trop son vieux père pour l'abandonner. Il ne put consentir à le confier à des mains étrangères ; il ne pouvait l'emmener avec lui ; son fils aussi réclamait ses soins. Il resta auprès d'eux et nous ne pensons pas qu'il s'en soit jamais repenti.

Sans quitter nos brouillards, dont la réputation est surfaite et nos vallons trop peu connus ; habitant la ville pendant l'hiver, la campagne pendant l'été, il eut, de 1850 à 1870, une époque de bonheur comme les pauvres humains peuvent en rêver. Tout lui souriait, tout lui réussissait. Son fils semblait marcher sur ses traces et son excellent père le remerciait à chaque instant de la tranquillité qu'il lui devait. Puis, comme pour tout le monde, quand on avance dans la vie, l'horizon s'assombrit. Sa santé, qui n'avait jamais été robuste, sembla lui donner de l'inquiétude. Des excès de travail dans les champs et par tous les temps ; des stations de sept ou huit heures dans l'humidité, pour ne pas perdre un effet, lui firent éprouver les premières attaques de ces douleurs rhumatismales, apanage particulier des paysagistes. Son père, à qui, tous les soirs, il faisait la lecture et qui ne s'endormait que près de lui et sous son regard, s'éteignit à l'âge de quatre-vingt-dix-huit ans, le laissant aussi seul et aussi désolé que s'il fût resté faible et pauvre orphelin, sans appui et sans amour. Il devint triste, alors, mélancolique ; il semblait que sa vie fût sans utilité et sans but. Il peignit un peu moins, mais comme il était énergique et vaillant, il voulut donner à ses idées un autre cours et, pour oublier, il essaya de se faire écrivain.

C'est à cet effort de sa volonté, à ce désir de réagir contre la douleur qu'on doit un petit volume qui fut si bien reçu des connaisseurs : *Causeries sur le paysage*, par Hector Allemand, peintre lyonnais. Lyon, Louis Perrin et Marinet, 1877, in-8.

D'une main ferme et d'un esprit aussi sûr que convaincu, il traça les règles que devra suivre désormais non seulement tout paysagiste qui voudra s'élever sur les sommets de l'art, mais tout peintre soucieux de l'avenir. Ses préceptes sont ceux d'un homme qui a vu et qui sait.

Il conseille le travail austère et sérieux ; il veut qu'on esquisse pendant l'hiver l'arbre touffu qu'on doit peindre au complet pendant l'été. Le squelette du tronc et des branches fera comprendre le mouvement du feuillage. Il préfère les leçons de l'expérience et de la nature à celles d'un maître ou d'une école, tant il redoute qu'on ne devienne copiste ou imitateur. Il veut qu'on étudie et long-temps d'avance, le pays qu'on doit reproduire ; qu'on le connaisse à fond et qu'on s'identifie avec lui. Nature du sol, agriculture, mœurs des habitants, rien n'est inutile, rien n'est futile, ou plutôt tout est important. « Souvent, il vaut mieux observer que produire, » dit-il, et on sent qu'il a prêché d'exemple, tant il est vrai dans ses tableaux.

Ce n'est pas lui, en effet, qui eût mis, comme tant de ses confrères, le coquet chapeau des Bressannes dans un village du Dauphiné ; des voituriers normands sur la route de la Provence ; des bouleaux en terre chaude ; un groupe de sapins dans le Midi ; des rochers granitiques dans le Bugey. A ces conseils ne s'arrête pas le code si sage tracé par notre auteur. Il veut qu'on travaille avec son âme ; il veut qu'on regarde la nature avec toute la puissance de son imagination et de son cœur.

Il flétrit le réalisme et conspue le trivial, ressource des impuissants. Puis, avec douleur, il avoue que les peintres d'aujourd'hui consultent la mode plus que le goût ; qu'ils se préoccupent moins de bien faire que de bien vendre ; que le métier l'emporte sur l'art et que, chez la plupart des célébrités du jour, il y a soixante pour cent de savoir faire et quarante pour cent de talent.

Son livre touchait à sa fin et il en rêvait les dernières pages ; déjà il avait choisi son imprimeur, lorsqu'en 1876, il fut frappé d'une attaque de paralysie qui lui ôta complétement l'usage du bras droit.

Pour un artiste pauvre, c'était la mort ; pour un homme ardent, c'était le désespoir. Ce ne fut ni l'un ni l'autre pour Allemand.

Soutenu par son énergie, raidi par la force de sa volonté, il apprit à peindre et à écrire de la main gauche, et ceux qui avaient craint son effondrement furent émerveillés de voir leur ami reprendre sa vie, ses études et ses travaux, avec presque autant d'assurance qu'autrefois.

Comment de cette main dont le public sait si peu se servir a-t-il pu tracer des dessins si fins, si élégants et si purs ? Comment a-t-il osé reprendre ses pinceaux et si bien en user ? C'est un mystère qu'on ne peut expliquer qu'en songeant à son

habileté supérieure à tout faire et à sa volonté que
rien ne pouvait dompter.

Après une journée de labeur assidu, quand
venait le soir, il quittait assez volontiers son chez
lui. Étranger aux plaisirs du monde et de la foule,
il se rendait chez quelque vieil ami. Une de ses
stations préférées était chez le libraire Glairon-
Mondet, à Bellecour. Là, il rencontrait des amateurs de vieux livres, de musique et de tableaux.
On discutait de tout ce dont un homme intelligent
aime à causer et c'est là surtout que nous-même
nous avons pu apprécier les qualités exquises de
sa pensée et de son cœur.

Il travaillait alors à un grand ouvrage sur la
gravure, et tout faisait espérer qu'il le mènerait à
bonne fin. On se faisait une joie de voir si cette
étude sérieuse et savante éclipserait ou simplement
égalerait son livre sur le paysage ? Ses amis furent
trompés dans leur attente. Un jour, ils apprirent
que la maladie avait de nouveau frappé l'énergique
travailleur. Cette fois, ce fut elle qui triompha et
le livre n'était pas achevé.

Allemand s'est éteint le 13 septembre 1886, à
l'âge de soixante-dix-sept ans.

Il laissait une veuve et un fils désolés. Nous
n'avons pas à parler du deuil de ses amis.

Sa mort fut une perte douloureuse pour les arts, quoique depuis dix ans il eût peu produit. A la vente des richesses de son atelier, on sera surpris de leur nombre et de leur valeur. Aux artistes à les apprécier.

En nous quittant, ce pauvre père, si aimant et si bon, a eu du moins la consolation de voir son talent, comme son nom, se perpétuer dans la personne de son fils, Gustave Allemand, dont le public apprécie à juste titre les œuvres comme peintre et comme graveur. C'est une lourde charge, mais c'est une belle gloire d'avoir un tel nom à porter. Souhaitons au jeune artiste qui avait, cette année encore, deux tableaux à l'Exposition des Amis des Arts, la longue et brillante carrière de celui qui lui portait tant d'affection et de tendresse.

En mourant, Hector Allemand a légué quelques-unes de ses meilleures toiles aux villes de Lyon, Grenoble, Montpellier, Carpentras et Avignon. La Commission municipale lyonnaise avait le droit du choix. Bien inspirée, elle a demandé : *Le Buisson courbé par l'orage*, qui pourrait être signé par les plus grands noms de l'École hollandaise. Le reste sera vendu.

On pourrait écrire sur le tombeau de ce maître regretté :

« Il ne fut d'aucune coterie, d'aucune École. Il n'obtint jamais aucune récompense. Il ne fut pas décoré. »

Lyon, 8 février 1887.

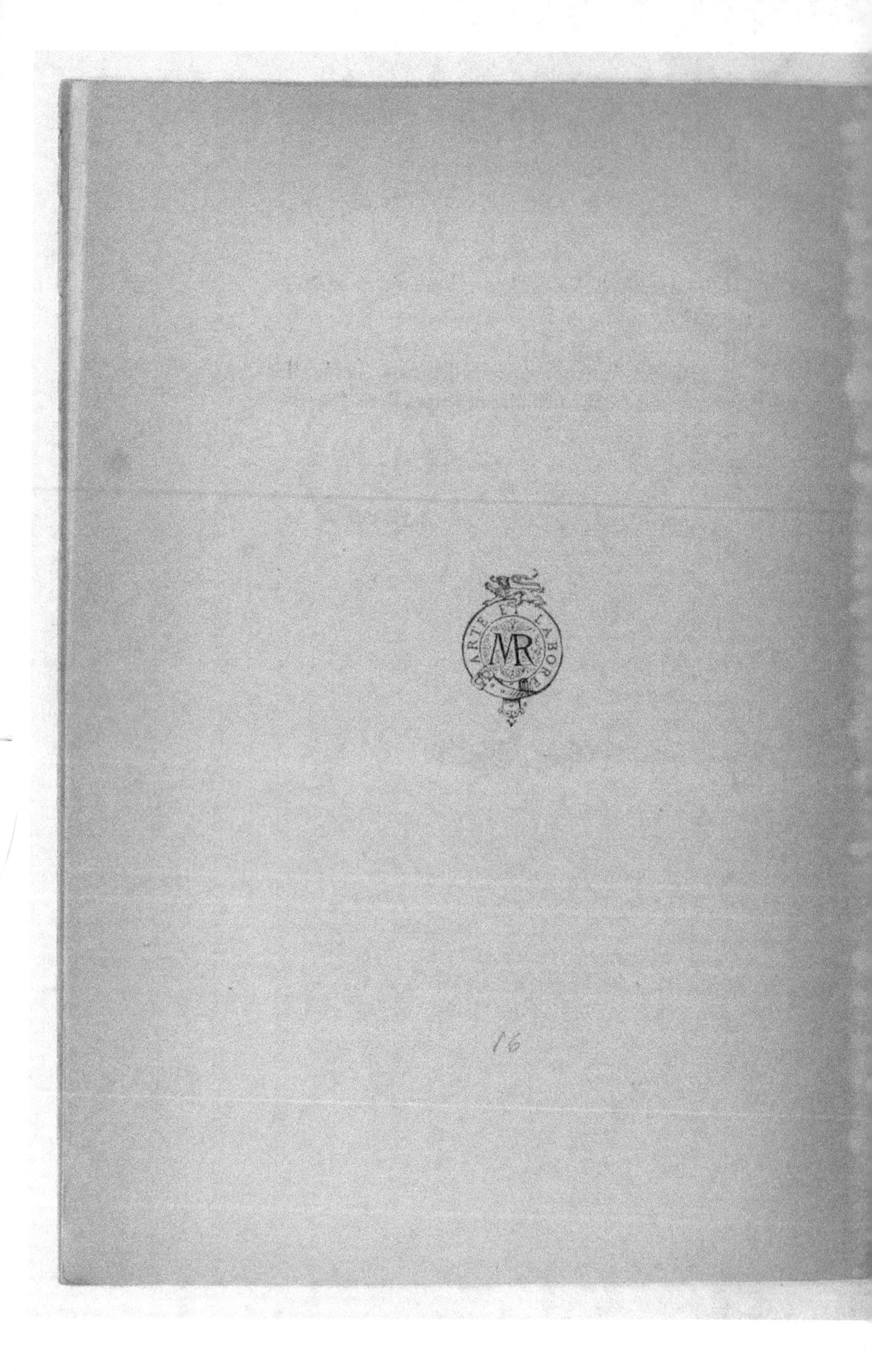

16